표현력 좋은
우리 아이

국어를 좋아해
의성어·의태어

글 기린교육연구소 · 그림 김소희

기린미디어

《국어를 좋아해 - 의성어·의태어》 어떻게 하면 더 잘 배울까?

《국어를 좋아해》 시리즈는 다양한 단어의 뜻과 쓰임을 설명하고 어휘력을 키워 주는 책이에요. 〈명사〉, 〈형용사〉, 〈동사〉, 〈의성어·의태어〉 총 4권으로 이루어져 있어요.

동시 — 어린이가 지은 시 또는 어린이를 위해 지은 시를 말해요.

의성어 — 사람이나 사물의 소리를 흉내 낸 말이에요.

의태어 — 사람이나 사물의 모양이나 움직임을 흉내 낸 말이에요.

먼저 **동시**를 감상해 보세요.

삼계탕

미니찌닝

나는 닭
울타리에서 살고 있지

울타리를 벗어나
냄비 속 수영장으로
풍당

앗 뜨거 앗 뜨거
물이랑 같이 그릇 자동차로
풍덩

꼬꼬댁꼬꼬댁
드디어 다 왔다
난 이제 안녕!

풍당 작고 단단한 물건이 물에 떨어지거나 빠질 때 가볍게 한 번 나는 소리
풍덩 크고 무거운 물건이 깊은 물에 떨어지거나 빠질 때 무겁게 한 번 나는 소리
꼬꼬댁꼬꼬댁 닭이 놀랐거나 알을 낳은 뒤에 잇따라 우는 소리

'꿀꿀', '맴맴', '하하' 등은 **의성어**이고,
'깡충깡충', '퐁당퐁당', '번쩍번쩍' 등은 **의태어**예요.

의성어나 의태어를 사용하면 표현하고자 하는
말과 글의 느낌이 살아나고, 효과적으로 전달할 수 있어요.

그림을 보며 **동시**의 재미를 느껴 보세요.

의성어·의태어가 어떤 뜻을 가지고 있는지 살펴보아요.
어떻게 쓰이는지는 〈찾아보기〉에서 찾아보아요.

차례

과일 · 10

물이 깨끗해진다면 · 12

매미 · 14

샤브샤브 온천 · 16

지우개 · 18

가을 · 20

공 · 22

그림자 · 24

내 동생 · 26

때 · 28

밤에 찾아온 손님 · 30

방긋방긋 · 32

벚꽃 · 34

삼계탕 · 36

애벌레야 · 38

왕벌 · 40

이빨 · 42

저리 가! 독감 · 44

줄넘기 · 46

파도 · 48

과일

박재석

포도는 왜 덥게
다닥다닥 붙어 있을까?

딸기는 왜 아프게
깨가 박혀 있을까?
아 그래서
아프니까
빨간가?

그러면 어때
다 맛있는데

다닥다닥 작은 것들이 한곳에 많이 붙어 있는 모양

물이 깨끗해진다면

홍지유

깡충깡충 신나게 뛰어다니던 토끼도
꿀꿀거리며 친구들과 재미있게 놀던 돼지도
개굴개굴 노래 부르던 개구리도
목이 마른 동물 친구들에게
맑은 물이 필요해

토끼도 돼지도 개구리도
모두 모여 **꿀꺽꿀꺽**

물이 깨끗해진다면
모두가 행복하겠지?

깡충깡충 짧은 다리를 모으고 자꾸 힘 있게 솟구쳐 뛰는 모양

꿀꿀 돼지가 내는 소리

개굴개굴 개구리가 잇따라 우는 소리

꿀꺽꿀꺽 액체나 음식물이 목구멍이나 좁은 구멍으로 한꺼번에 넘어가는 소리, 또는 모양

매미

방울하

맴맴 맴맴 맴맴 맴맴

매미야 매미야
코골이 시합하니?
누구랑 시합하니?
우리 아빠랑 시합하니?

우리 아빠처럼
매미 너도
코를 잘 고는구나

맴맴 매미가 우는 소리

샤브샤브 온천

최형주

짤랑짤랑
"안녕하세요!"
"샤브샤브 2인분이요."

끓어라 육수야
보글보글 끓어라
샤브샤브 온천 개장할 시간이다

첫 손님은 채소
퐁당퐁당
"오래 있다 가야지."
다음 손님은 고기
풍덩풍덩
"조금만 있다 가야지."

짤랑짤랑 작은 방울 따위가 자꾸 흔들리거나 부딪쳐 울리는 소리
보글보글 적은 양의 액체가 야단스럽게 끓는 소리, 또는 모양

그다음 손님은 사리들
가래떡, 치즈, 버섯
여기저기서 **풍덩풍덩**

오늘의 마지막 손님은 칼국수
"우리 가족이 좀 많아요."
부글부글

후루룩!
"계산이요."
"네, 손님. 안녕히 가세요!"
오늘도 바쁜 샤브샤브 온천

부글부글 많은 양의 액체가 야단스럽게 잇따라 끓는 소리, 또는 모양
퐁당퐁당 작은 물건이 잇따라 물에 떨어질 때 가볍게 나는 소리
풍덩풍덩 크고 무거운 물건이 깊은 물에 떨어질 때 무겁게 나는 소리
후루룩 적은 양의 액체나 국수 등을 빨리 들이마시는 소리, 또는 모양

지우개

김지후

엄마한테 혼난 날
지우개로 **쓱쓱 싹싹**

동생한테 화낸 날
지우개로 **쓱쓱 싹싹**

친구랑 싸운 날
지우개로 **쓱쓱 싹싹**

내 마음을 지우고 싶어요

깨끗이 깨끗이 지우면
내 마음이 다시
반짝반짝 빛날 테니까요

쓱쓱 문지르거나 비비는 모양
싹싹 거침없이 쓸거나 비비는 소리
반짝반짝 작은 빛이 잠깐 잇따라 나타났다가 사라지는 모양

가을

박소율

가을에는 단풍잎이
팔랑팔랑

가을에는 홍시가
대롱대롱

가을에는 코스모스가
살랑살랑

참 아름다운 가을

팔랑팔랑 나뭇잎이나 나비 따위가 가볍게 계속 날아다니는 모양
대롱대롱 작은 물건이 매달려 가볍게 흔들리는 모양
살랑살랑 조금 사늘한 바람이 가볍게 자꾸 부는 모양

공

장서현

으악, 공이 도망간다!
앗 잡았다
통통

이번엔 안 놓칠 거야
퉁퉁

앗 잡았다!
팅팅

이러다 언제 잡지?

통통 작은 물건을 잇따라 두드려 울리는 소리
퉁퉁 큰 물건을 잇따라 두드려 울리는 소리
팅팅 아주 팽팽한 모양이나 팽팽한 것을 튕겨 내는 소리

그림자

한지유

내 뒤를 따라오는 친구는
항상 검은색

내가
살금살금
그 애도
살금살금

내가
이리저리
그 애도
이리저리

넌 왜
나만 따라 하니?

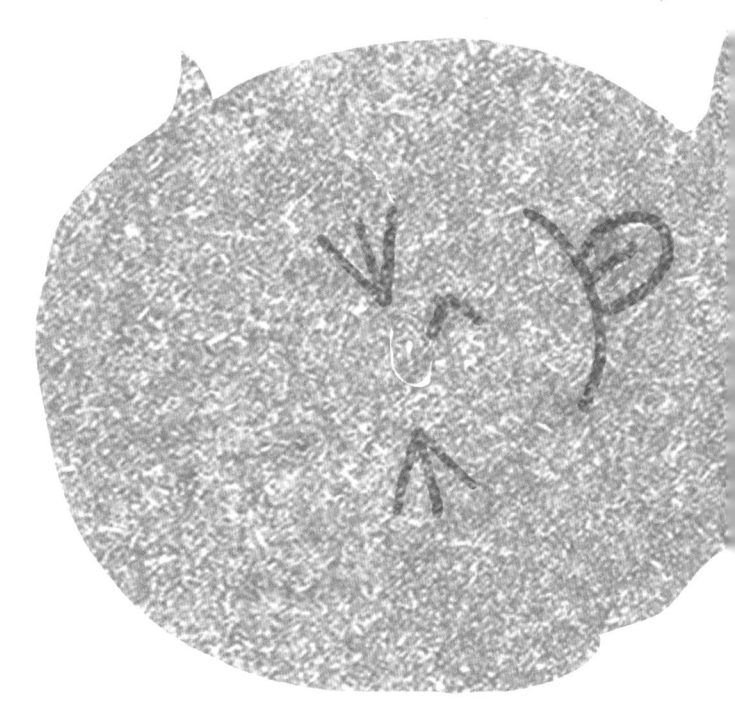

살금살금 남이 알아차리지 못하도록 살며시 행동하는 모양

내 동생

전지성

같이 놀면
하하
재미있는 내 동생

동글동글
귀여운
친구 같은 내 동생

장난감으로 같이 놀고
몸으로도 같이 놀고
보물 같은 내 동생

하하 입을 벌리고 크게 웃는 소리, 또는 모양
동글동글 여럿이 다 또는 매우 동근 모양

때

배소율

쓱쓱 싹싹
북북 박박

너는 사람 몸에 붙어 있는
더러운 지우개 가루

넌 물과 함께
여행을 떠날 거야

북북 물건의 거죽을 긁는 소리
박박 반들반들해지도록 자꾸 닦는 모양

밤에 찾아온 손님

박서우

캠핑 온 날 밤
똑똑
한밤중에 찾아온 손님

똑똑
톡톡
또르르
문을 계속 두드리는 손님

똑똑 작은 물체나 물방울이 잇따라 가볍게 아래로 떨어지는 소리, 또는 모양
톡톡 작은 것이 갑자기 자꾸 떨어지는 소리, 또는 그 모양
또르르 작고 동그스름한 것이 가볍게 구르는 소리, 또는 그 모양

우르르 쾅
천둥과 함께 온 손님
번쩍번쩍 빛을 내며
내가 왔다고 말하는 손님

오후에 온다더니 한밤중에
찾아온 손님

놀 시간을 주고
잘 시간을 가져간
밤에 찾아온 손님

우르르 쌓여 있던 물건들이 갑자기 무너져 내리거나 쏟아질 때 나는 소리, 또는 그 모양
쾅 단단한 물체가 바닥에 떨어지거나 다른 물체와 부딪쳐 울리는 소리, 또는 폭발물이 터지는 소리
번쩍번쩍 큰 빛이 잇따라 잠깐 나타났다가 사라지는 모양

방긋방긋

차예나

비가 온 다음 날 아침
꽃들이 **방긋방긋**

해님이 **방긋방긋**
세수한 얼굴로 웃네

방긋방긋
입을 예쁘게 약간 벌리며
자꾸 소리 없이 가볍게 웃는 모양

벚꽃

윤서연

봄바람에 벚꽃이 **살랑살랑**
벚꽃이 나비처럼 **팔랑팔랑**
벚꽃 따라 가지도 **산들산들**

벚꽃들이 춤을 추고
나도 따라 춤을 춰요
벚꽃이 하늘 위로 멀리멀리
즐거운 벚꽃 산책 길

산들산들
바람이나, 바람에 물건이
가볍고 보드랍게
자꾸 흔들리는 모양

삼계탕

박성민

나는 닭
울타리에서 살고 있지

울타리를 벗어나
냄비 속 수영장으로
퐁당

앗 뜨거 앗 뜨거
물이랑 같이 그릇 자동차로
풍덩

꼬꼬댁꼬꼬댁
드디어 다 왔다
난 이제 안녕!

퐁당 작고 단단한 물건이 물에 떨어지거나 빠질 때 가볍게 한 번 나는 소리
풍덩 크고 무거운 물건이 깊은 물에 떨어지거나 빠질 때 무겁게 한 번 나는 소리
꼬꼬댁꼬꼬댁 닭이 놀랐거나 알을 낳은 뒤에 잇따라 우는 소리

애벌레야

백가연

꼬물꼬물 애벌레야
네가 걱정된다
너희 엄마도 못 보고
저 새에게 잡힐까 봐

꼬물꼬물 애벌레야
네가 부럽다
꼬물꼬물 기어서
어디든 여행하니까

꼬물꼬물 애벌레야
네가 대견하다
혼자 알을 부수고 나와
꾸물꾸물 제 갈 길 가니까

꼬물꼬물 애벌레야
열심히 가렴

꼬물꼬물 느리게 자꾸 움직이는 모양
꾸물꾸물 매우 자꾸 느리게 움직이는 모양

왕벌

이유찬

잉잉
꿀벌이 운다
꽃가루 때문에
간지러워 운다

왱왱
말벌이 운다
사람들이 벌집을
떨어뜨려 운다

잉잉 어린아이가 우는 소리, 날벌레가 나는 소리
왱왱 작은 날벌레가 잇따라 빨리 날아가는 소리
붕붕 큰 곤충이 날 때 잇따라 나는 소리

붕붕

왕벌이 난다
꿀벌 달래 주고,
말벌 달래 주고
새로운 집을
찾으러 난다

잉잉
왱왱
붕붕

오늘도 바쁜
왕벌

이빨

손영빈

달랑달랑 이빨
너무 거슬리네

달랑달랑 이빨
언제 빠지지?

달랑달랑 이빨
얼마나 흔들리지?

달랑달랑
쏙!
이빨이 빠졌네

야호!
이빨이 빠지니
구멍이 생겼네

달랑달랑
작은 방울이나 매달린 물체 따위가
자꾸 흔들릴 때 나는 소리, 또는 모양

저리 가! 독감

서채영

기침이 **콜록콜록**
몸이 **으슬으슬**
이마가 따끈따끈

물을 매일
양치를 매일
손을 깨끗이 매일

저리 가! 독감
오지 마! 독감

콜록콜록 가슴 속에서 잇따라 울려 나오는 기침 소리
으슬으슬 소름이 끼칠 정도로 매우 차가운 느낌이 잇따라 드는 모양

줄넘기

고은채

탁탁
줄넘기 넘기는 소리

헉헉
내 숨이 넘어가는 소리

뻘뻘
내 이마에 흐르는 땀

탁탁 물건을 자꾸 두드리거나 먼지 따위를 떠는 소리, 또는 모양
헉헉 몹시 놀라거나 숨이 차서 숨을 자꾸 몰아쉬는 소리, 또는 모양
뻘뻘 땀을 매우 많이 흘리는 모양

파도

성민경

"파도야 파도야 어디 있니?"
오늘도 나는 **철썩철썩** 파도를 부른다

하지만 **철썩철썩** 파도는
내가 불러도 대답을 하지 않는다

"왜 그래? 무슨 일 있니?"
나는 **속닥속닥** 작게 말했다

나는 혹시나 하는 마음에
한 번 더 크게 더 세게
불러 보았지만
역시나 대답을 하지 않는다

나는 아쉬운 마음으로
모래사장을 밟으며
집으로 **터덜터덜** 걸어간다

철썩철썩 아주 많은 양의 액체가 자꾸 단단한 물체에 마구 부딪치는 소리, 또는 모양
속닥속닥 남이 알아듣지 못하도록 작은 목소리로 은밀하게 자꾸 이야기하는 소리, 또는 모양
터덜터덜 지쳐서 무거운 발걸음으로 계속 힘없이 걷는 소리, 또는 모양

찾아보기 **가나다순**

> 동시에 나온 의성어와 의태어를 활용한 문장을 한 번 더 살펴보세요.

개굴개굴 ⋯ 12
　개구리가 **개굴개굴** 울어서 시끄러워요.

깡충깡충 ⋯ 12
　나도 토끼처럼 **깡충깡충** 뛸 거야.

꼬꼬댁꼬꼬댁 ⋯ 36
　닭장에서 **꼬꼬댁꼬꼬댁** 난리가 났어요.

꼬물꼬물 ⋯ 38
　작은 벌레들이 **꼬물꼬물** 기어가요.

꾸물꾸물 ⋯ 39
　꾸물꾸물 걷지 말고 얼른 따라와.

꿀꺽꿀꺽 ⋯ 12
　목이 말라서 물을 **꿀꺽꿀꺽** 마셨어.

꿀꿀 ⋯ 12
　아기 돼지들이 **꿀꿀** 소리 내며 젖을 먹어요.

다닥다닥 ··· 10
　　청소 시간에 책상을 **다닥다닥** 붙여 놓았어요.

달랑달랑 ··· 42
　　강아지가 움직일 때마다 **달랑달랑** 방울 소리가 나요.

동글동글 ··· 26
　　자두도 **동글동글**, 수박도 **동글동글**

또르르 ··· 30
　　눈에서 눈물이 **또르르** 흘렀어.

똑똑 ··· 30
　　수도꼭지에서 물이 **똑똑** 떨어졌어.

맴맴 ··· 14
　　하루 종일 매미가 **맴맴** 울어요.

반짝반짝 ··· 18
　　반짝반짝 작은 별 아름답게 비추네.

방긋방긋 ··· 32
　　아기가 나를 보고 **방긋방긋** 웃어요.

번쩍번쩍 ⋯ 31

창밖은 천둥 번개로 **번쩍번쩍**!

보글보글 ⋯ 16

작은 주전자의 물이 **보글보글** 끓어요.

부글부글 ⋯ 17

커다란 냄비에서 국이 **부글부글** 끓어요.

박박 ⋯ 28

거울을 깨끗하게 하려고 **박박** 닦았어요.

북북 ⋯ 28

종이를 **북북** 찢으면 안 돼!

붕붕 ⋯ 40

붕붕 나는 저 커다란 곤충이 뭐예요?

뻘뻘 ⋯ 46

친구가 땀을 **뻘뻘** 흘리며 의자를 옮기고 있어요.

산들산들 ⋯ 34

나뭇가지가 **산들산들** 손 인사를 해요.

살금살금 ⋯ 24

아기가 깰까 봐 **살금살금** 걸었어.

살랑살랑 ··· 20, 34

바람이 **살랑살랑** 불어 시원해요.

속닥속닥 ··· 48

속닥속닥 귓속말 그만하고 크게 말해 줄래?

싹싹 ··· 18, 28

얼룩을 지우려고 바닥을 **싹싹** 닦았어요.

쓱쓱 ··· 18, 28

눈이 가려워 **쓱쓱** 문질렀어요.

왱왱 ··· 40

파리가 **왱왱** 날아다니네.

우르르 ··· 30

산사태가 났는지 흙이 **우르르** 무너지지 뭐야.

으슬으슬 ··· 44

새벽에 길을 나서니 몸이 **으슬으슬** 추웠어요.

잉잉 ··· 40

작은 무당벌레가 **잉잉** 날아요.

짤랑짤랑 ··· 16

가게 문을 여는데 **짤랑짤랑** 방울 소리가 들렸어.

철썩철썩 ··· 48
절벽 아래에서 **철썩철썩** 파도 소리가 들려요.

콜록콜록 ··· 44
감기가 지독해서 **콜록콜록** 기침이 나네.

쾅 ··· 30
자동차끼리 **쾅** 부딪쳤어.

탁탁 ··· 46
강아지가 꼬리로 바닥을 **탁탁** 치고 있어요.

터덜터덜 ··· 49
시험을 못 본 언니가 **터덜터덜** 걸어와요.

톡톡 ··· 30
빗방울이 **톡톡** 창문을 두드렸어.

통통 ··· 22
작은 공을 살살 던지니 **통통** 굴러가네.

퉁퉁 ··· 22
농구 선수가 **퉁퉁** 공을 튕기다 던졌어.

팅팅 ··· 22
바람을 넣었더니 공이 **팅팅** 굴러가네.

팔랑팔랑 ⋯ 20, 34

　팔랑팔랑 날아다니는 나비를 따라갔어.

퐁당 ⋯ 36

　개구리가 **퐁당**!

퐁당퐁당 ⋯ 16

　아기가 물가에서 **퐁당퐁당** 물장구를 쳐요.

풍덩 ⋯ 36

　코끼리가 **풍덩**!

풍덩풍덩 ⋯ 16

　아빠가 수영장에서 **풍덩풍덩** 수영해요.

하하 ⋯ 26

　선생님 말에 친구들이 **하하** 웃었어.

헉헉 ⋯ 46

　산을 올라가다 보니 나도 모르게 숨이 **헉헉** 나왔어요.

후루룩 ⋯ 17

　뜨거운 국물을 **후루룩** 먹고 있었어.

글 기린교육연구소

유아 교육, 초등 교육, 출판 등 다양한 분야의 전문가들이 모여
누구나 쉽고 재미있게 배우고 가르칠 수 있는 책을 소개하고 만들고 있습니다.

그림 김소희

대학에서 시각 디자인을 공부한 뒤 만화와 일러스트를 그리며 고양이들과 함께 북적북적 살고 있습니다.
만화책 《반달》을 쓰고 그렸으며, 그린 책으로 《다음 세대를 위한 북한 안내서》《세상에서 가장 슬픈 여행자, 난민》
《동계 올림픽 완전 대백과》《어린이 대학, 생물》《지구를 구하는 발명책》 등이 있습니다.
잡지 《함께 사는 길》《어린이 동산》에 만화를 연재했습니다.

국어를 좋아해 의성어·의태어

초판 1쇄 발행 2020년 10월 9일

기획·글 기린교육연구소 | **그림** 김소희 | **펴낸곳** 기린미디어 | **펴낸이** 김민영 | **편집** 책읽는메리 | **디자인** 구민재page9
출판등록 2016년 4월 26일 제2016-000009호 | **주소** 경기도 김포시 모담공원로17
전화 0505-302-2381 | **팩스** 0505-300-2381 | **전자우편** hsw2381@naver.com

ISBN 979-11-962625-9-4 74710 | 979-11-962625-5-6 74710(세트)

이 도서의 국립중앙도서관 출판예정도서목록(CIP)은 서지정보유통지원시스템 홈페이지(http://seoji.nl.go.kr)와 국가자료종합목록
구축시스템(http://kolis-net.nl.go.kr)에서 이용하실 수 있습니다. (CIP제어번호 : CIP2020038705)
잘못 만들어진 것은 바꾸어 드립니다.

KC마크는 이 제품이 공통안전 기준에 적합함을 의미합니다.
주의 종이에 손이 베이거나 모서리에 다치지 않게 주의하세요.
제조자 기린미디어 | **제조국** 대한민국 | **사용연령** 3세 이상

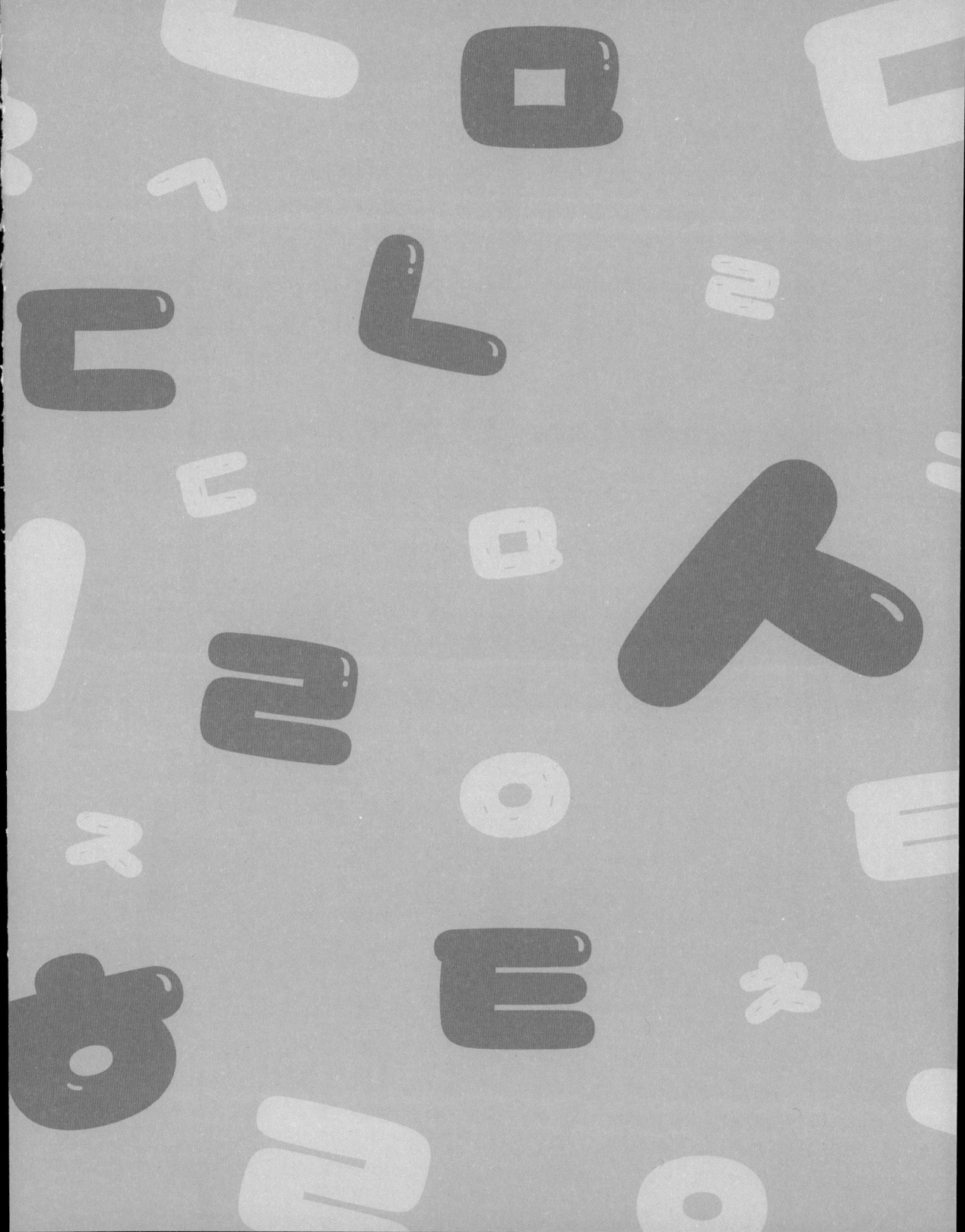

연상 학습을 바탕으로 한 이미지 단어 카드
어린이들의 관심과 흥미 유발을 위한 생활 속 단어 선택
한글 공부를 시작하는 어린이들을 위한 기초 단어 수록

이미지 한글 카드
엄마표 한글 떼기 150

주변에서 쉽게 접할 수 있거나 어린이들이 좋아하는 대상을 골라 한글에 흥미를 갖도록 단어를 선택했어요. 이미지를 통해 떠오르는 대상을 연결하기 쉽도록 고안했어요. 그림이나 사진을 보면서 한글과 영어를 배울 때 공감각적으로 접근할 수 있도록 구성했어요.